# Planète Terre

# Les Forêts humides

Steve Parker

Hurtubise

## Hurtubise

Titre original de cet ouvrage : *Rainforests*
Édition originale publiée en Grande-Bretagne en 2008
par QED Publishing
A Quarto Group company
226 City Road
Londres EC1V 2TT

Les Éditions Hurtubise bénéficient du soutien financier des
institutions suivantes pour leurs activités d'édition :
- Gouvernement du Canada par l'entremise du Programme
d'aide au développement de l'industrie de l'édition (PADIÉ),
- Gouvernement du Québec par l'entremise du programme
de crédit d'impôt pour l'édition de livres.

**Auteur** : Steve Parker
**Édition** : Steve Evans
**Traduction** : Dynah Psyché
**Conception** : East River Partnership
**Direction artistique** : Zeta Davies
**Mise en page** : La boîte de Pandore

Copyright © 2008 QED Publishing
Copyright © 2009 Hurtubise inc.
pour l'édition française au Canada

ISBN : 978-2-89647-185-0

Dépôt légal - 3ᵉ trimestre 2009
Bibliothèque et Archives nationales du Québec
Bibliothèque et Archives du Canada

Diffusion-distribution au Canada :
Distribution HMH
1815, avenue De Lorimier,
Montréal (Québec) H2K 3W6 Canada
Téléphone : (514) 523-1523 - Télécopieur : (514) 523-9969
www.distributionhmh.com

### Crédits photographiques

(h = haut, b = bas, d = droite, g = gauche,
m = milieu, ic = images de couverture)

**Corbis** 24-25 Chris McLaughlin, 25b Ralph White,
27h Jeremy Horner, 28-29 Reuters
**Photolibrary** 22-23 Kevin Schafer, 18 David B.
Fleetham, 21h James Watt, 20h Roland Birke,
14-15 Doug Perrine
**Getty Images** 17h, 23h Norbert Wu, 25h Peter
David
**NHPA** 5h A N T Photo Library, 6, 6-7 Ernie Janes,
9h Nigel J Dennis, 10h Roger Tidman, 11 Anthony
Bannister, 14b Trevor McDonald,15b Roy Waller,
16b B Jones & M Shimlock, 18-19 A N T Photo
Library, 20b M I Walker, 21 Gerard Lacz, 22h
Kevin Schafer
**Shutterstock** 1, 2-3, 30-31, 32 Susan McKenzie, 1
Armin Rose, 1 Oliver Lenz, 1 Luis Fernando Gurci
Chavier, 1 Tatjana Rittner, 1 kristian sekulic, 1
Frank Boellmann, 3b Moremi, 4 Eric Gevaert, 4-5
Wolfgang Amri, 5b Khlobystov Alexey, 7d Lagui,
8-9 David Mail, 8g Susan flashman, 9b Marco
Alegria, 10 Pichugin Dmitry, 11h Carsten Medom
Madsen, 12 jerome Wittingham,13h Holger W,
14-15 Stuart Helflett, 15h Giuseppe Nocera, 17b
Bill Kennedy, 16-17 Elisei Shafer, 19d Vling, 26
Mark Bond, 26-27 Elena Yakusheva, 27 Sapsiway,
29 Juha Sompinmäki, 29m Mark Yuill, 30 Thomas
Nord, 31 Zaporozhchenko Yury

## Les mots en caractères gras sont expliqués dans le glossaire à la page 30.

*Imprimé et relié en Chine*
www.hurtubisehmh.com

# Table des matières

# Pluie et forêts

Les forêts humides portent bien leur nom. Touffues, composées de grands arbres, elles reçoivent averse sur averse.

## Chaud et humide

Les forêts humides sont arrosées la majeure partie de l'année. Malgré l'existence d'une saison sèche, il pleut presque chaque jour. Dans les régions **tropicales**, la chaleur s'ajoute à l'humidité. La température y est d'au moins 20°C et dépasse parfois les 30°C.

La végétation, très dense, forme une couverture verte et épaisse.

Les derniers lions d'Asie vivent dans la forêt de Gir, en Inde.

# Étonnant!

La mangrove pousse sur le littoral tropical.

## Faune et flore

La vie croît très vite dans la chaleur humide de la forêt tropicale. On y trouve une abondante végétation et une grande variété d'animaux, tels des vers, des insectes, des grenouilles colorées, des oiseaux aux cris perçants, des éléphants énormes, des singes bondissants et des gorilles timides.

### C'est si... humide!

Dans certaines forêts humides, il pleut cinq fois plus qu'à New York, huit fois plus qu'à Londres et quinze fois plus qu'à Los Angeles.

Les habitants des forêts humides se nourrissent des plantes qu'ils trouvent.

# Les types de forêts humides

**Amérique du Nord**

**Amérique centrale**

**Afrique**

**Amazonie**

**Amérique du Sud**

Les forêts humides poussent principalement entre les tropiques, dans des zones qui connaissent un climat chaud toute l'année.

## La vapeur d'eau

Les vents soufflant sur l'océan se chargent d'humidité, sous forme de **vapeur** invisible. Quand cette vapeur atteint les terres, elle se condense en nuages et donne naissance à des gouttes d'eau qui tomberont sous forme de pluie. Les forêts humides poussent dans les régions les plus arrosées.

## Étonnant!

On compte environ 120 jours de pluie par an à New York, 180 à Londres, et plus de 300 dans certaines forêts humides.

# C'est si... froid!

9°C: c'est la température moyenne régnant dans les forêts du sud de la Nouvelle-Zélande. Certaines forêts tropicales sont 3 fois plus chaudes!

Les nuages venus de la mer apportent humidité et brouillard.

**Forêt tempérée humide**

**Forêt tropicale humide**

Asie de l'Est

Japon

Les plus vastes forêts se trouvent en Amérique du Sud, en Afrique et en Asie du Sud-Est.

Asie du Sud-Est

Philippines

Sumatra

Bornéo

Équateur

Congo

Nouvelle-Guinée

Afrique centrale

Java

## Chaleur et froid

Les forêts tropicales très près de l'**équateur** sont chaudes toute l'année et renferment la plus grande biodiversité. On trouve des forêts humides **tempérées** dans des régions plus froides, sur la côte ouest nord-américaine, sur l'île de Tasmanie et en Nouvelle-Zélande.

Madagascar

Australie

Tasmanie

Nouvelle-Zélande

# Les strates de la forêt

Du sol au sommet des arbres, la forêt se divise en couches où vivent toutes sortes de plantes et d'animaux.

## Pénombre et tranquillité

Si vous marchez dans une forêt humide, vous remarquerez la sombre quiétude du sous-bois. Il y a peu de fleurs et des animaux s'y cachent. Pas très loin au-dessus, le sommet des grands arbustes, des buissons et des jeunes arbres forment la **strate arbustive**.

## C'est si... effrayant!

La plus grosse araignée du monde vit dans les forêts tropicales d'Amérique du Sud. La mygale Goliath est plus large qu'une assiette!

Le figuier étrangleur est un assassin! En enveloppant le tronc d'un arbre, ses racines le privent peu à peu de lumière et le tuent.

## Bruit et agitation

Branches, rameaux, feuilles, fleurs et fruits se mêlent dans la **canopée**. La plupart des animaux y vivent, ce qui en fait une strate agitée et bruyante. Les plus grands arbres dépassent la canopée et forment la **strate émergente**, peuplée d'aigles et de singes qui surveillent la forêt.

Dans la strate émergente, les plus grands arbres dominent la canopée, à plus de 60 m de haut.

La forêt humide compte quatre strates.

Strate émergente

Canopée

Strate arbustive

Tapis forestier

# La faune

Les forêts humides sont pleines
d'animaux plutôt farouches
et donc difficiles à voir.

## Traînées gluantes

Les forêts humides abritent toutes sortes
d'insectes et de gastéropodes. Les plus
communs sont les mouches, les fourmis
et les termites. Des papillons colorés butinent
les fleurs pendant qu'escargots et limaces
laissent des traînées gluantes derrière eux.

Les singes-araignées
mangent des fruits
et des fleurs.

## Le ballet des singes

En Amérique du Sud, le singe-araignée
se balance avec agilité d'arbre en arbre,
saisissant les branches avec les mains, les
pieds ou la queue. Au-dessous, poissons et
tortues nagent dans les mares et marécages.

## C'est si... gros!

Les plus gros serpents du monde vivent dans les forêts humides. En Afrique et en Asie, d'énormes pythons avalent des proies de la taille d'un porc!

Le pelage tacheté du jaguar lui permet de se fondre dans les zones d'ombre de la forêt.

Le toucan casse les noix avec son large bec.

## Toucans assourdissants

Les forêts humides abritent des félins de toute taille. Le chat marbré d'Asie ressemble à un petit léopard, alors que le jaguar d'Amérique du Sud est aussi gros qu'un lion. Dans les arbres, perroquets, aras et toucans poussent des cris stridents.

### Étonnant!

Le plus gros habitant des arbres est l'orang-outan de l'Asie du Sud-Est. Un mâle adulte peut peser 80 kg, le poids d'un être humain.

11

La sauterelle mâle stridule pour attirer la femelle.

# Les bruits
## de la forêt

La forêt humide peut être l'un des lieux les plus bruyants de la planète, surtout à l'aube et au crépuscule.

### Le jour et la nuit

Durant la journée et une grande partie de la nuit, les animaux se reposent, mais à l'aube et au **crépuscule**, tout change : les singes braillent, les oiseaux gazouillent, les grenouilles coassent, sauterelles et cigales stridulent et mouches et abeilles bourdonnent.

Le singe hurleur rugit pour protéger son territoire.

L'ara hyacinthe lance
des avertissements
à sa bande en gloussant.

La cigale est l'insecte
le plus bruyant.
Si elle avait une taille
humaine, sa stridulation
pourrait être perçue
à 20 km de distance!

Étonnant!

## Partenaire recherché

Beaucoup de gros animaux
crient pour chasser les intrus
de leur **territoire**. D'autres,
comme les grenouilles,
les sauterelles et les oiseaux,
émettent des chants et des
sons spéciaux au moment de
la reproduction pour attirer
un partenaire.

## C'est si... bruyant!

Le singe hurleur
d'Amérique du Sud est
l'animal terrestre le plus
bruyant. Son cri s'entend
à 5 km de distance.

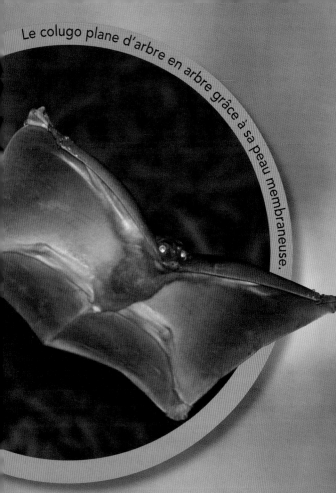

Le colugo plane d'arbre en arbre grâce à sa peau membraneuse.

# D'arbre en arbre

La plupart des animaux des forêts humides habitent la canopée. Ils utilisent divers moyens pour se déplacer dans les arbres.

## Survols et piqués

Le vol est un mode de déplacement de choix en forêt. Dans la strate émergente, les aigles volent pour repérer leurs **proies**, alors que les faucons chassent en se déplaçant de branche en branche. La nuit, les chauves-souris happent les insectes et les hiboux se jettent sur les souris et les lézards.

Certains lézards volants peuvent planer sur plus de 100 m, en utilisant leur queue comme gouvernail.

## Le plus rapide

Le gibbon est un des animaux les plus rapides de la forêt. Il se balance d'arbre en arbre grâce à ses longs bras puissants et à ses mains en forme de crochet.

## Vols planés

Certains animaux, qu'on croit voir voler, planent dans les airs. Lézards, écureuils volants, grenouilles volantes, serpents volants, tous utilisent de larges membranes de peau en guise de parachute.

Le gibbon a des mains et des pieds crochus pour agripper les branches.

### C'est si... petit!

La chauve-souris bourdon du Sud-Est asiatique est le plus petit mammifère du monde. De la taille d'un bourdon, elle pèse moins lourd qu'une pièce de monnaie.

Étonnant!

Le meilleur planeur est le colugo, ou lémur volant d'Asie du Sud-Est. Il peut planer sur plus de 150 m.

# Des tueurs féroces

Les animaux de la forêt humide sont toujours en alerte. Un ennemi pourrait occuper la branche voisine !

## Des poisons mortels

Les tueurs ne sont pas tous gros. Beaucoup d'araignées, de mille-pattes et de scorpions achèvent leurs proies à coups de morsures et de piqûres empoisonnées. En Amérique du Sud, de petites grenouilles aux couleurs vives renferment dans leur peau un poison mortel dont les autochtones enduisent leurs flèches et leurs lances.

Les dendrobates ne dépassent pas la taille d'un pouce.

Étonnant !

La peau d'un dendrobate contient un poison assez puissant pour tuer 20 personnes.

# Les gros prédateurs

Les plus puissants **prédateurs** du globe vivent dans les forêts humides. Le tigre, le plus grand félin, traque cerfs et cochons sauvages en Asie du Sud-Est. En Amérique du Sud, les caïmans, à l'affût dans les marécages, happent tortues, crabes et poissons. Pouvant peser 250 kg, l'anaconda vert d'Amazonie est le plus gros reptile vivant.

Les tigres sont les meilleurs chasseurs de la forêt.

Les caïmans attrapent poissons, crabes et tortues.

## C'est si... venimeux!

Le cobra royal d'Asie est le plus long serpent venimeux du monde : il dépasse 5 m de long. Son mets préféré? Les autres serpents!

# Des arbres vitaux

La forêt humide recèle les plus grands arbres, les plus gros et ceux qui poussent le plus rapidement.

## La vie arboricole

Des milliers de créatures dépendent de l'arbre des forêts humides. Les chenilles se nourrissent de ses feuilles, les colibris s'abreuvent du nectar de ses fleurs, les singes mangent ses fruits alors que les oiseaux nichent dans le trou de son tronc. On retrouve le teck en Asie, l'acajou en Afrique ainsi qu'en Amérique centrale et le bois de rose à travers le monde. Le kapokier de l'Amérique centrale et du sud peut atteindre 70 mètres de haut tel un immeuble de 18 étages.

Le boa émeraude se love autour d'une branche et attend sa proie.

# C'est si... long!

Les phasmes géants d'Asie du Sud-Est sont les plus longs insectes. Ils peuvent mesurer 30 cm de long, et 55 cm avec les pattes tendues.

Les insectes seront digérés après avoir glissé dans une sarracénie pourpre.

## Le mimétisme

Certains animaux dépendent tellement des arbres pour vivre qu'ils leur ressemblent. Les phasmes ont l'air de brindilles. Les phyllies et le boa arboricole sont verts comme les feuilles. La mante fleur peut être prise pour une fleur. Le fait de se confondre avec l'environnement pour ne pas être vu s'appelle le **mimétisme**.

## Étonnant!

Certaines fleurs poussent en hauteur, parfois à 50 m du sol, dans la fourche des grands arbres.

Les arbres donnant le bois de rose sont menacés par les bûcherons qui les exploitent pour leur parfum.

Cette orchidée pousse dans la forêt humide du nord-est de l'Australie.

# Une canopée peuplée

Dans les forêts humides, brindilles, tiges, bourgeons, fleurs, fruits et graines servent de nourriture à une multitude d'animaux.

## Les oiseaux

Très colorés, les souimangas, les méliphages et les motmots volent de branche en branche. Le calao bicorne d'Asie du Sud, d'une envergure de 1,6 m, a un énorme **cimier** sur le bec. Les plus gros aigles du monde, les harpies (Amérique centrale et du Sud) et les aigles des singes (Philippines) chassent les singes, les serpents et les oiseaux.

Le calao bicorne creuse les troncs avec son bec, en quête d'insectes.

Les morphos bleus recherchent les clairières ensoleillées pour se réchauffer.

# Étonnant!

Un paresseux défèque environ une fois par semaine!

Le ouistiti pygmée consomme la sève des arbres.

Le paresseux dort 16 heures par jour.

## Vivre accroché

Certains habitants de la canopée ne touchent jamais le sol : les singes, les rats épineux, les iguanes et les geckos. Le paresseux est l'un des animaux les plus lents de la forêt : ce mangeur de feuilles, qui s'accroche aux branches par ses griffes recourbées, peut se nourrir une semaine entière sur le même arbre.

## C'est si... petit!

Les ouistitis sont de minuscules singes d'Amérique du Sud. Le plus petit, le ouistiti pygmée, n'est pas plus gros que le poing.

La rafflésie n'a pas de feuilles.

# Le tapis forestier

Quelques-uns des animaux les plus gros et les plus intéressants du globe foulent le sol de la forêt.

L'éléphant des forêts vit en groupe.

L'okapi est de la même famille que la girafe.

## Se déplacer sans bruit

En Afrique occidentale, les éléphants parcourent la forêt en silence, à peine visibles dans la pénombre. C'est aussi là que vit le plus gros singe, le gorille des plaines. Ces animaux pacifiques se nourrissent de feuilles et de fruits. Semblables à des cochons dotés d'une trompe, les tapirs vivent en Asie et en Amérique du Sud.

Le tapir attrape des feuilles tendres avec sa petite trompe.

## Étonnant !

Le capibara vit en Amérique du Sud. Ce cousin du cochon d'Inde pèse plus de 60 kg; c'est le plus gros des rongeurs.

## Sombre sous-bois

Le tapis forestier est peu éclairé à cause de l'épaisseur de la canopée. Il y a peu de plantes capables de survivre sur le sol. Seule la chute d'un gros arbre permet aux rayons du soleil de percer, favorisant ainsi la germination des graines.

## C'est si... odorant !

La rafflésie d'Asie du Sud-Est est la plus grande fleur du monde (1 m de diamètre). Attirées par son odeur de viande pourrie, les mouches la butinent et répandent son **pollen**.

# En montagne

La forêt humide ne pousse pas qu'en terrain plat. On la trouve aussi à flanc de colline ou sur les montagnes.

## Le gorille des montagnes

Sous les tropiques, la forêt pluvieuse pousse en altitude, dans des régions très humides et plus froides que les plaines. Les animaux y sont dotés d'une épaisse fourrure. En Afrique centrale, le gorille des montagnes passe la nuit dans les arbres. Les femelles courbent les branches pour s'abriter avec leurs petits. Les gros mâles, pesant 200 kg et plus, dorment sur le sol dans un nid d'herbes.

Le gorille à dos argenté est le plus fort des primates.

### C'est si... rare!

La population de gorilles des montagnes compte à peine une centaine d'individus.

## Délicieux bambou

L'ours à lunettes d'Amérique du Sud vit dans les forêts humides des Andes, à 2 500 m d'altitude. Il se nourrit aussi bien d'animaux que de végétaux. Le panda géant, qui évolue dans les hauteurs nuageuses et fraîches du sud de la Chine, consomme presque exclusivement du bambou.

L'ours à lunettes flaire la nourriture.

## Étonnant!

Adulte, le panda géant est plus gros qu'une personne. En revanche, le nouveau-né pèse environ 100 g, le poids d'une pomme.

Avec ses dents puissantes, le panda déchire les tiges de bambou.

# Les forêts humides tempérées

Les forêts humides ne sont pas toujours chaudes. Certaines sont froides et abritent une étonnante diversité de plantes et d'animaux.

## Les plus grands arbres

Bien qu'elles se trouvent dans les régions froides, les forêts humides tempérées grouillent de vie. Elles renferment aussi les plus hauts arbres du monde, tels les séquoias en Amérique et les kauris en Nouvelle-Zélande. Ce sont des conifères : leurs graines se développent dans des **cônes** et leurs feuilles sont toujours vertes.

Les arbres de la forêt humide tempérée pousse à flanc de colline et de montagne.

## Étonnant!

Le kakapo est un perroquet de Nouvelle-Zélande qui ne vole pas et se nourrit la nuit. Il n'en reste plus que 90 et chacun porte un nom donné par des scientifiques.

## Oiseaux et castors

Le plancher forestier de la forêt humide tempérée est couvert de fougères, de mousses et de plantes rampantes. De curieux animaux vivent là, comme le kiwi de Nouvelle-Zélande, un oiseau qui ne vole pas, ou le castor d'Amérique du Nord.

# C'est si... haut!

Quelques-uns des plus grands arbres poussent dans la forêt humide tempérée. Le séquoia d'Amérique, le gommier géant de Tasmanie et le kahikatea, un pin blanc de Nouvelle-Zélande, dépassent les 70 m de haut.

Le diable de Tasmanie chasse au crépuscule dans la forêt humide.

Le céphalophe bleu mesure 35 cm de haut, soit la taille d'un jeune chien.

## Doux ou féroce

Le céphalophe bleu est une petite antilope timide qui vit dans les forêts tempérées du centre et du sud de l'Afrique. Le diable de Tasmanie, trapu, agressif et bruyant, figure parmi les mammifères ayant les plus puissantes mâchoires.

# La disparition des forêts

D'ici une trentaine d'années, les orangs-outans auront peut-être disparu.

Bien que les forêts humides représentent un vaste réservoir de vie sauvage, elles sont menacées d'extinction.

On ne respecte pas toujours les lois interdisant l'abattage illégal.

## L'exploitation du bois

Les forêts humides sont menacées, surtout sous les tropiques. Les arbres sont abattus pour leur bois très dur, ce qui porte atteinte à l'habitat des animaux. Les racines n'étant plus là pour le retenir, le sol est emporté par les fortes pluies.

## Place aux cultures

Les forêts humides sont soit brûlées au profit de cultures, comme la canne à sucre ou le palmier à l'huile, soit transformées en prairies pour l'élevage du **bétail**. Certains animaux chassés pour leur viande sont menacés d'extinction.

Une fois les arbres abattus, la terre est utilisée pour les cultures.

## C'est si... triste!

Il reste environ 60 rhinocéros de Java en Indonésie. Les chances de survie de la race sont quasi inexistantes.

## Sauver la forêt

Tous les animaux sont en danger, des papillons et scarabées jusqu'aux tigres, gorilles et rhinocéros. Nous devons accomplir un énorme effort pour sauver la faune et la flore exceptionnelles des forêts humides.

Étonnant!

La forêt recule: chaque seconde, c'est la superficie d'un terrain de football qui disparaît!

Le rhinocéros de Java a presque disparu à l'état sauvage.

# Glossaire

**Bétail** : Animaux élevés dans des fermes, comme les vaches, les moutons et les porcs.

**Canopée** : Zone d'une forêt humide qui correspond à la cime des grands arbres.

**Cimier** : Excroissance cornée sur le bec du calao.

**Cône** : Élément ligneux contenant les graines du pin et du sapin.

**Crépuscule** : Période pendant laquelle le soleil se couche, entre le jour et la nuit.

**Équateur** : Ligne imaginaire située à égale distance des pôles Nord et Sud, qui partage le globe en deux parties.

**Mimétisme** : Fait de se fondre dans l'environnement par le biais des couleurs et des motifs.

**Pollen** : Poussière très fine issue de la partie mâle d'une fleur et destinée à produire des graines au contact de l'organe femelle.

**Prédateur** : Animal chassant d'autres animaux pour se nourrir.

**Proie** : Animal servant de nourriture à d'autres.

**Strate arbustive** : La strate des buissons, arbustes et jeunes arbres dans les forêts.

**Strate émergente** : Le sommet des plus grands arbres, au-dessus de la canopée.

**Territoire** : Zone dans laquelle un animal vit, se nourrit et élève ses petits, et qu'il défend contre les intrus.

**Tropical** : De la région des tropiques, de part et d'autre de l'équateur, chaude toute l'année.

**Vapeur** : Humidité dans l'air, semblable au brouillard.

**Zones tempérées** : Régions où il ne fait ni trop chaud ni trop froid, avec des étés tièdes et des hivers doux.

# Index